1. Ov'è, lass', il bel viso?

Ov'è, lass', il bel viso? ecco, eì s'asconde.
Oimè, dov'il mio sol? lasso, che velo
S'è post'inanti et rend'oscur'il cielo?
Oimè ch'io il chiamo et veggio; eì non risponde.
Dhe se mai sieno a tue vele seconde
Aure, dolce mio ben, se cangi pelo
Et loco tardi, et se 'l signor di Delo
Gratia et valor nel tuo bel sen'asconde,
Ascolta i miei sospiri et da' lor loco
Di volger in amor l'ingiusto sdegno,
Et vinca tua pietade il duro sempio.
Vedi qual m'arde et mi consuma fuoco;
Qual fie scusa miglior, qual magior segno
Ch'io son di viva fede et d'amor tempio!

Alas, where is the l
Woe's me, where i:
Drapes itself and r
Woe's me, that I call and see it, it _
Oh, if your sails have auspicious winds,
My dearest sweet, and if you change your hair
And features late, if the Lord of Delos
Hides grace and valour in your beautiful bosom,
Hear my sighs and give them place
To turn unjust disdain into love,
And may your pity conquer hardships.
See how I burn and how I am consumed by fire;
What better reason, what greater sign
Than I, a temple of faithful life and love!

Text from a madrigal by Henricus Schaffen

2. Quando son più lontan

Quando son più lontan de' bei vostri occhi
Che m'han fatto cangiar voglia et costumi,
Cresce la fiamma et mi conduce a morte;
   Et voi, che per mia sorte
Potresti raffrenar la dolce fiamma,
Mi negate la fiamma che m'infiamma.

When I am farthest from your beautiful eyes
That made me change my wishes and my ways,
The flame grows and leads me to my death;
   And you, who for my fate
Could restrain the sweet flame,
Deny me the flame that inflames me.

Text from a madrigal by Ivo

3. Amor, io sento l'alma

   Amor, io sento l'alma
   Tornar nel foco ov'io
Fui lieto et più che mai d'arder desio.
   Io arde 'en chiara fiamma
   Nutrisco il miser core;
   Et quanto più s'infiamma,
   Tanto più cresce amore,
   Perch'ogni mio dolore
   Nasce dal fuoco ov'io
Fui lieto et più che mai d'arder desio.

   Oh love, I feel my soul
   Return to the fire where I
Rejoiced and more than ever desire to burn.
   I burn and in bright flames
   I feed my miserable heart;
   The more it flames
   The more my loving grows,
   For all my sorrows
   Are born of the fire where I
Rejoiced and more than ever desire to burn.

Text by Jhan Gero (parody of a ballata by Machiavelli)

4. Io piango

Io piango, chè'l dolore
Pianger' mi fa, perch'io
Non trov'altro rimedio a l'ardor' mio.
Così m'ha concio Amore
Ch'ognor' viv'in tormento
Ma quanto piango più, men doglia sento.
Sorte fiera e inaudita
Che'l tacer mi d'a morte e'l pianger vita!

I weep, for the grief
Causes weeping, since I
Can find no other remedy for my fire.
So trapped by Love am I
That ever I lie in torment
But the more I weep the less pain I feel.
What cruel, unheard-of fate
That silence gives me death and weeping life!

Text by Ruffo

5. Luci serene e chiare

Luci serene e chiare,
Voi m'incendete, voi; ma prov'il core
Nell' incendio diletto, non dolore.
Dolci parole e care,
Voi mi ferite, voi; ma prov' il petto
Non dolor ne la piaga, ma diletto.
O miracol d'amore!
Alma ch'è tutta foco e tutta sangue,
Si strugge e non si duol, mor'e non langue.

Eyes serene and clear,
You inflame me, but my heart must
Find pleasure, not sorrow, in the fire.
Words sweet and dear,
You wound me, but my breast must
Find pleasure, not sorrow, in the wound.
O miracle of love!
The soul that is all fire and blood,
Melts yet feels no sorrow, dies yet does not languish.

Text by Ridolfo Arlotti

6. Se per havervi, oime

Se per havervi, oime, donato il core,
Nasce in me quel l'ardore,
Donna crudel, che m'arde in ogno loco,
Tal che son tutto foco,
E se per amar voi, l'aspro martire
Mi fa di duol morire,
Miser! che far debb'io
Privo di voi che sete ogni ben mio?

If, alas, when I gave you my heart,
There was born in me that passion,
Cruel Lady, which burns me everywhere
So that I am all aflame,
And if, loving you, bitter torment
Makes me die of sorrow,
Wretched me! What shall I do
Without you who are my every joy?

Text from Primo Libro de Madrigali *by Monteverdi*

English translations by Erica Muhl

Ov'è, lass', il bel viso?

Schaffen

MORTEN LAURIDSEN

*The 'Fire-Chord'

(Duration: c. 3'00)
(to Robert Shaw)

Quando son più lontan

Ivo

(Duration: c. 4'10)
(to Benjamin Britten, in memoriam)

Amor, io sento l'alma

Gero

Et quan - to__ più s'in-fiam - ma,__ Tan-to più cre - sce a-mo-re, Per-ch'o-gni mio do-

Et quan - to__ più s'in-fiam - ma,__ Tan-to più cre - sce a-mo-re, Per-ch'o-gni mio do-

quan - to__ più s'in-fiam - ma, Tan-to più cre - sce a - mo - re, Per-ch'o-gni mio do-

quan - to__ più s'in-fiam - ma, Tan-to più cre - sce a-mo-re, Per-ch'o-gni mio do-

rall.   a tempo   1st time only

-lo - re Na-sce dal fuo-co o-v'i - o Fui lie - to et più che mai d'ar-der de-si - o.__ I-o

-lo - re Na-sce dal fuo-co o-v'i - o Fui lie - to et più che mai d'ar - der de - si - o.__ I-o

-lo - re Na-sce dal fuo-co o-v'i - o Fui lie - to et più che mai d'ar-der de-si - o.__

-lo - re Na-sce dal fuo-co o-v'i - o Fui lie - to et più che mai d'ar-der de - si - o.__

rall.   a tempo

1st time only

Lievemente, giocoso (♩ = c.176)

A - mor, a - mor, io sen - to l'al - ma, io sen - to l'al - ma.

A - mor,_____ io sen - to l'al - ma.

Tor-nar, tor -

Tor -

Lievemente, giocoso (♩ = c.176)

(Duration: c. 1'45)
(to Stephen Layton)

Io piango

Ruffo

(to Erica Muhl)

Luci serene e chiare

Arlotti

(Duration: c. 2'50)
(to Paul Salamunovich)

Se per havervi, oime

*Do not rush the hemidemisemiquavers or demisemiquavers at any time in this piece; each note is to be distinct within the group.

* slight portamento

(Duration: c. 4'00)

(to Jama Laurent)